AF175436

Impressum
Verlag: BABADADA GmbH, Nedderfeld 112 , 22529 Hamburg
Geschäftsführer / Verlagsleitung: Harald Hof
Druck: Books on Demand GmbH, In de Tarpen 42, 22848 Norderstedt

Imprint
Publisher: BABADADA GmbH, Nedderfeld 112 , 22529 Hamburg, Germany
Managing Director / Publishing direction: Harald Hof
Print: Books on Demand GmbH, In de Tarpen 42, 22848 Norderstedt, Germany

das Klassenzimmer
کلاس درس

dividieren
تقسیم کردن

186/2

die Tafel
تخته

der Schulhof
حیاط مدرسه

der Lehrer
معلم

das Papier
کاغذ

schreiben
نوشتن

der Stift
خودکار

der Schreibtisch
میز تحریر

das Lineal
خط کش

das Buch
کتاب

die Schüler
دانش آموز

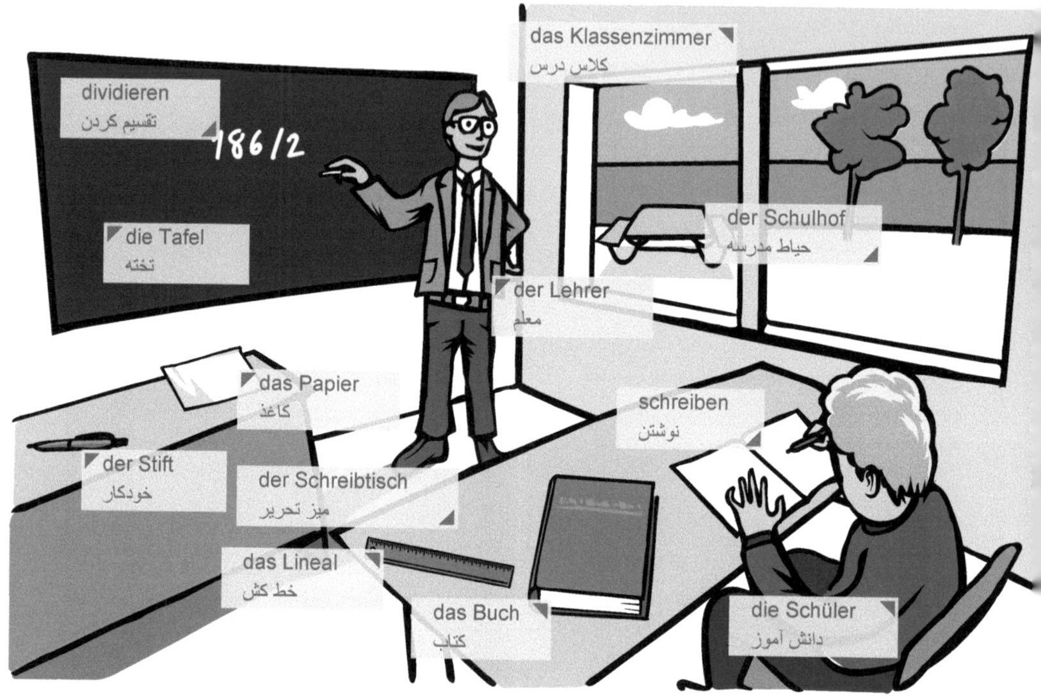

der Ranzen

کیف مدرسه

die Federmappe

جامدادی

der Bleistift

مداد

der Bleistiftanspitzer

تراش

das Radiergummi

پاک کن

der Zeichenblock

دفتر رسم

die Zeichnung

طراحی

der Pinsel

قلم مو

der Malkasten

جعبه ی آبرنگ

die Schere

قیچی

der Klebstoff

چسب

das Übungsheft

کتاب تمرین

die Hausaufgabe

تکلیف خانه

die Zahl

رقم

addieren

جمع کردن

subtrahieren

تفریق کردن

multiplizieren

ضرب کردن

rechnen

محاسبه کردن

der Buchstabe

حرف الفبا

das Alphabet

الفبا

das Wort

کلمه

der Text

متن

lesen

خواندن

die Kreide

گچ

die Stunde

درس

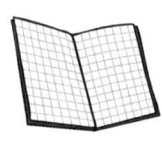

das Klassenbuch

ثبت نام

die Prüfung

امتحان

das Zeugnis

مدرک رسمی

die Schuluniform

لباس مدرسه

die Ausbildung

تحصیلات

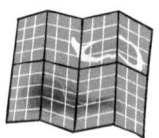

das Lexikon

دانشنامه

die Universität

دانشگاه

das Mikroskop

میکروسکوپ

die Karte

نقشه

der Papierkorb

سبد کاغذ باطله

das Hotel
هتل

die Herberge
مسافرخانه

die Wechselstube
صرافی

der Koffer
چمدان

das Auto
اتومبیل

die Sprache
زبان

ja / nein
بله / خیر

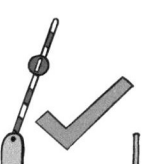

Okay
اکی

Hallo
سلام

der Übersetzer
مترجم

Danke
ممنون

die Reise - سفر

Was kostet...?

قیمت ... چه قدر است؟

Ich verstehe nicht

من متوجه نمی شوم

das Problem

مشکل

Guten Abend!

عصر بخیر! / شب بخیر!

Guten Morgen!

صبح بخیر!

Gute Nacht!

شب بخیر!

Auf Wiedersehen

خدانگهدار

die Richtung

جهت

das Gepäck

بار سفر

die Tasche

کیف

der Rucksack

کوله پشتی

der Gast

مهمان

das Zimmer

اتاق

der Schlafsack

کیسه خواب

das Zelt

خیمه

die Touristeninformation

مرکز راهنمای گردشگران

der Strand

ساحل

die Kreditkarte

کارت اعتباری

das Frühstück

صبحانه

das Mittagessen

نهار

das Abendessen

شام

die Fahrkarte

بلیط

der Fahrstuhl

آسانسور

die Briefmarke

مهر

die Grenze

مرز

der Zoll

گمرک

die Botschaft

سفارتخانه

das Visum

ویزا

der Pass

گذرنامه

حمل و نقل

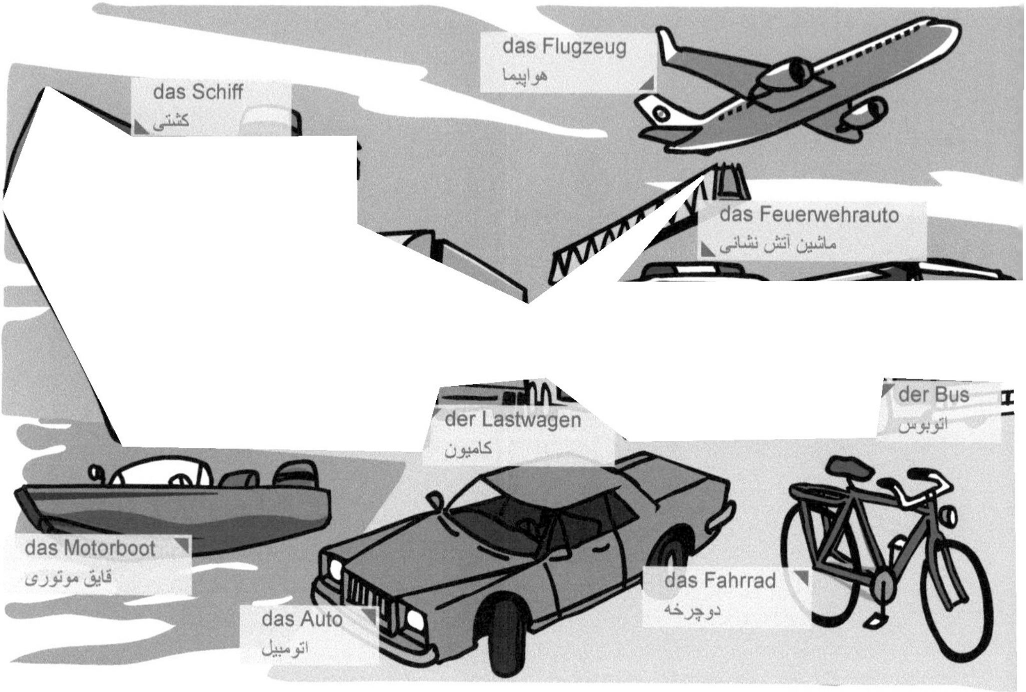

das Flugzeug
هواپیما
das Schiff
کشتی
das Feuerwehrauto
ماشین آتش نشانی
der Lastwagen
کامیون
der Bus
اتوبوس
das Motorboot
قایق موتوری
das Fahrrad
دوچرخه
das Auto
اتومبیل

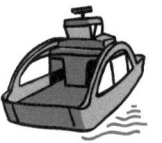

die Fähre
کشتی مسافربری

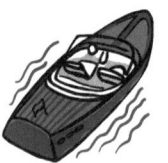

das Boot
قایق

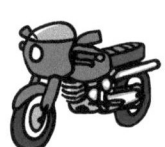

das Motorrad
موتورسیکلت

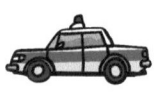

das Polizeiauto
ماشین پلیس

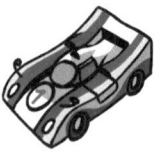

das Rennauto
ماشین مسابقه

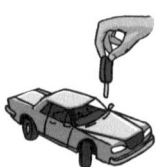

der Mietwagen
ماشین کرایه ای

das Carsharing

به اشتراک گذاری اتومبیل

der Abschleppwagen

جرثقیل

das Müllauto

ماشین حمل زباله

der Motor

موتور

der Kraftstoff

بنزین

die Tankstelle

پمپ بنزین

das Verkehrsschild

تابلو راهنمایی و رانندگی

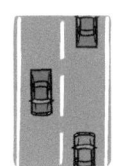

der Verkehr

عبور و مرور

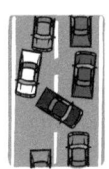

der Stau

ترافیک

der Parkplatz

پارکینگ

der Bahnhof

ایستگاه قطار

die Schienen

ریل راه آهن

der Zug

قطار

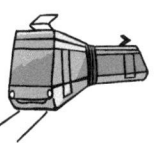

die Straßenbahn

قطار برقی

der Wagon

واگن

der Helikopter

هلیکوپتر

der Flughafen

فرودگاه

der Tower

برج

der Passagier

مسافر

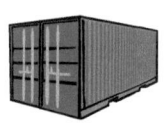

der Container

کانتینر

der Karton

کارتن

der Karren

گاری

der Korb

سبد

starten / landen

به پرواز درآمدن / فرود آمدن

شهر

das Dorf

دهکده

das Stadtzentrum

مرکز شهر

das Haus

خانه

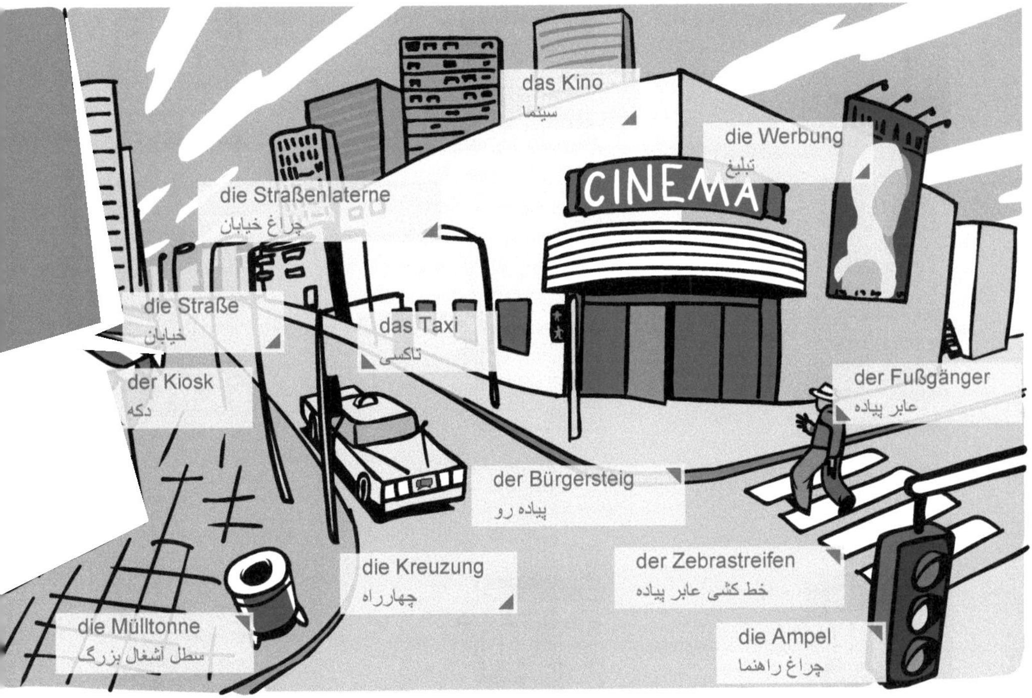

CINEMA
das Kino
سینما
die Werbung
تبلیغ
die Straßenlaterne
چراغ خیابان
die Straße
خیابان
das Taxi
تاکسی
der Kiosk
دکه
der Fußgänger
عابر پیاده
der Bürgersteig
پیاده رو
die Kreuzung
چهارراه
der Zebrastreifen
خط کشی عابر پیاده
die Mülltonne
سطل آشغال بزرگ
die Ampel
چراغ راهنما

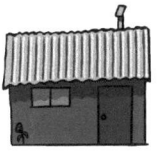

die Hütte

کلبه

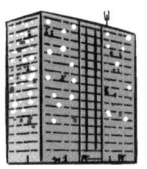

die Wohnung

آپارتمان

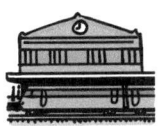

der Bahnhof

ایستگاه قطار

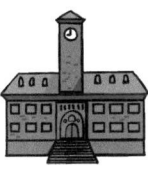

das Rathaus

ساختمان شهرداری

MUSEUM

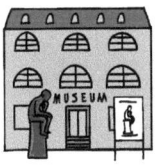

das Museum

موزه

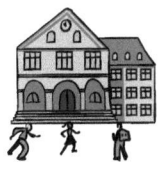

die Schule

مدرسه

die Universität

دانشگاه

die Bank

بانک

das Krankenhaus

بیمارستان

das Hotel

هتل

die Apotheke

داروخانه

das Büro

اداره

die Buchhandlung

کتابفروشی

das Geschäft

مغازه

der Blumenladen

گل فروشی

der Supermarkt

سوپرمارکت

der Markt

بازار

das Kaufhaus

فروشگاه بزرگ

der Fischhändler

ماهی فروش

das Einkaufszentrum

مرکز خرید

der Hafen

بندر

der Park

پارک

die Bank

نیمکت

die Brücke

پل

die Treppe

پله

die U-Bahn

مترو

der Tunnel

تونل

die Bushaltestelle

ایستگاه اتوبوس

die Bar

میخانه

das Restaurant

رستوران

der Briefkasten

صندوق پست

das Straßenschild

تابلوی خیابان

die Parkuhr

دستگاه پارکومتر

der Zoo

باغ وحش

die Badeanstalt

استخر شنای عمومی

die Moschee

مسجد

der Bauernhof

مزرعه

die Umweltverschmutzung

آلودگی محیط زیست

der Friedhof

قبرستان

die Kirche

کلیسا

der Spielplatz

زمین بازی

der Tempel

معبد

چشم انداز

das Blatt
برگ

der Wegweiser
تابلوی راهنمای مسیر

der Weg
راه

die Wiese
چمنزار

der Stein
سنگ

der Baum
درخت

der Wanderer
راه نورد

der Fluss
رودخانه

das Gras
چمن

die Blume
گل

das Tal

دره

der Berg

تپه

der See

دریاچه

der Wald

جنگل

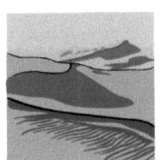

die Wüste

بیابان

der Vulkan

کوه آتشفشان

das Schloss

قلعه

der Regenbogen

رنگین کمان

der Pilz

قارچ

die Palme

درخت نخل

der Moskito

پشه

die Fliege

مگس

die Ameise

مورچه

die Biene

زنبور

die Spinne

عنکبوت

der Käfer

سوسک

der Frosch

قورباغه

das Eichhörnchen

سنجاب

der Igel

جوجه تیغی

der Hase

خرگوش صحرایی

die Eule

جغد

die Vogel

پرنده

der Schwan

قو

das Wildschwein

گراز

der Hirsch

گوزن نر

der Elch

گوزن شمالی

der Staudamm

سد آب

das Windrad

توربین بادی

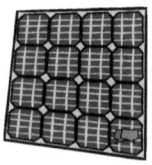

das Solarmodul

صفحه ی خورشیدی

das Klima

آب و هوا

der Kellner
پیشخدمت رستوران

die Speisekarte
منوی غذا

der Stuhl
صندلی

die Suppe
سوپ

die Pizza
پیتزا

das Besteck
سرویس کارد و قاشق و چنگال

die Tischdecke
رومیزی

die Vorspeise

پیش‌غذا

das Hauptgericht

غذای اصلی

die Nachspeise

دسر

die Getränke

نوشیدنی ها

das Essen

غذا

die Flasche

بطری

das Restaurant - رستوران

das Fastfood

فست فود

das Streetfood

اغذیه خیابانی

die Teekanne

قوری

die Zuckerdose

قندان

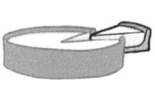

die Portion

پُرس غذا

die Espressomaschine

دستگاه اسپرسو

der Hochstuhl

صندلی پایه بلند غذاخوری بچه

die Rechnung

صورتحساب

das Tablett

سینی

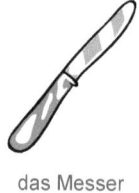

das Messer

چاقو

die Gabel

چنگال

der Löffel

قاشق

der Teelöffel

قاشق چایخوری

die Serviette

دستمال سفره

das Glas

لیوان

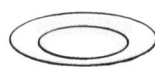

der Teller

بشقاب

der Suppenteller

بشقاب سوپخوری

die Untertasse

نعلبکی

die Sauce

سس

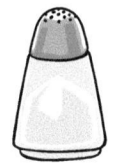

der Salzstreuer

نمکدان

die Pfeffermühle

فلفل ساب

der Essig

سرکه

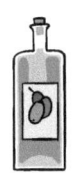

das Öl

روغن خوراکی

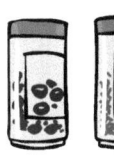

die Gewürze

ادویه جات

das Ketchup

سس کچاپ

der Senf

سس خردل

die Mayonnaise

سس مایونز

سوپرمارکت

das Angebot
پیشنهاد ویژه
FOR
der Kunde
مشتری
die Milchprodukte
لبنیات
der Einkaufswagen
چرخ دستی خرید

BUTCHERS

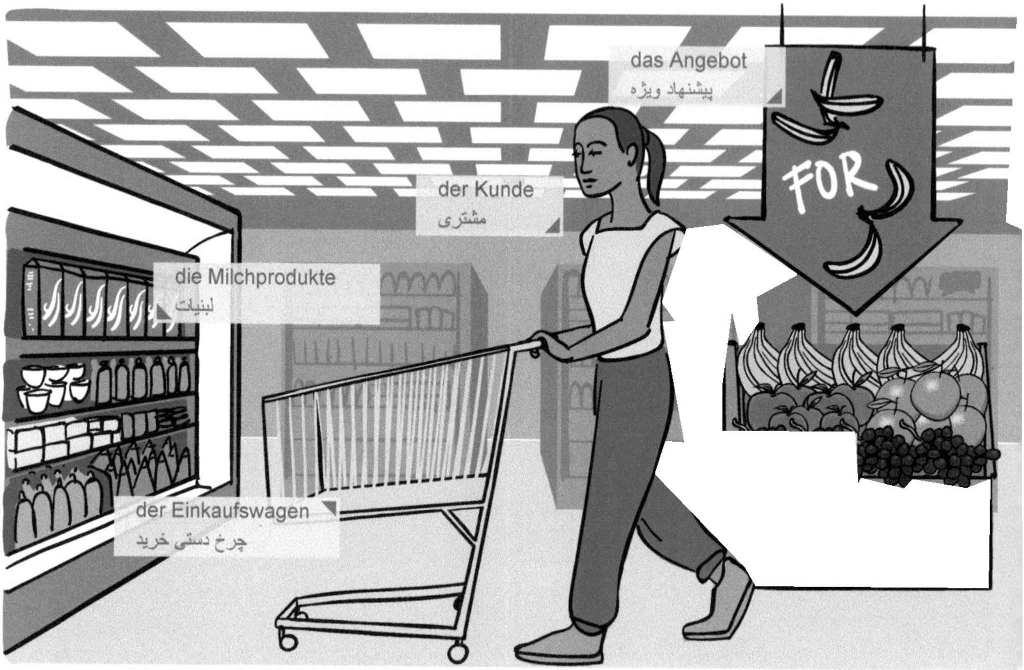

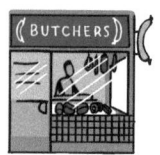

die Schlachterei

قصابی

BAKERY

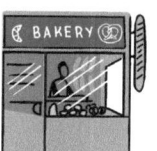

die Bäckerei

نانوایی

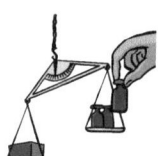

wiegen

وزن کردن

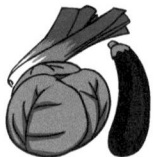

das Gemüse

سبزیجات

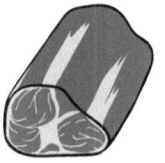

das Fleisch

گوشت

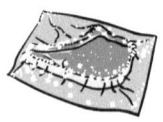

die Tiefkühlkost

غذای منجمد

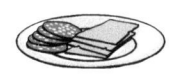

der Aufschnitt

مخلوطی از انواع کالباس یا پنیر که ورقه ای بریده شده باشند

die Konserven

غذای کنسروی

das Waschmittel

پودر لباسشویی

die Süßigkeiten

شیرینی جات

die Haushaltsartikel

لوازم خانگی

das Reinigungsmittel

ماده شوینده و پاک کننده

die Verkäuferin

فروشنده

die Kasse

صندوق پرداخت

der Kassierer

صندوقدار

die Einkaufsliste

لیست خرید

die Öffnungszeiten

ساعات کار

die Brieftasche

کیف پول

die Kreditkarte

کارت اعتباری

die Tasche

کیف

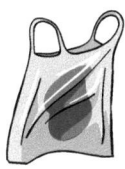

die Plastiktüte

کیسه ی پلاستیکی

das Wasser

آب

der Saft

آبمیوه

die Milch

شیر

die Cola

نوشابه کوکاکولا

der Wein

شراب

das Bier

آبجو

der Alkohol

الکل

der Kakao

کاکائو

der Tee

چای

der Kaffee

قهوه

der Espresso

قهوه اسپرسو

der Cappuccino

کاپوچینو

die Banane

موز

der Apfel

سیب

die Orange

پرتقال

die Melone

انواع هندوانه و خربزه

die Zitrone

لیمو

die Karotte

هویج

der Knoblauch

سیر

der Bambus

نی بامبو

die Zwiebel

پیاز

der Pilz

قارچ

die Nüsse

آجیل

die Nudeln

ماکارونی

die Spaghetti

اسپاگتی

der Reis

برنج

der Salat

سالاد

die Pommes frites

سیب زمینی سرخ کرده

die Bratkartoffeln

سیب زمینی سرخ شده

die Pizza

پیتزا

der Hamburger

همبرگر

das Sandwich

ساندویچ

das Schnitzel

شنیتسل

der Schinken

ژامبون خوک

die Salami

سالامی

die Wurst

سوسیس

das Huhn

مرغ

der Braten

نوعی گوشت سرخ شده

der Fisch

ماهی

die Haferflocken

جوی پرک شده

das Müsli

نوعی صبحانه مخلوطی از برگه ذرت و
میوه های خشک شده و خشکبار که
معمولا با شیر خورده می شود

die Cornflakes

کورن‌فلکس

das Mehl

آرد

das Croissant

کرواسان

das Brötchen

نان بروتشن

das Brot

نان

der Toast

نان تست

die Kekse

بیسکویت

die Butter

کره

der Quark

کشک

der Kuchen

کیک

das Ei

تخم مرغ

das Spiegelei

تخم مرغ نیمرو

der Käse

پنیر

die Eiscreme

بستنی

der Zucker

شکر

der Honig

عسل

die Marmelade

مربا

die Nougat-Creme

کرم شکلاتی بادامی

das Curry

ادویه کاری

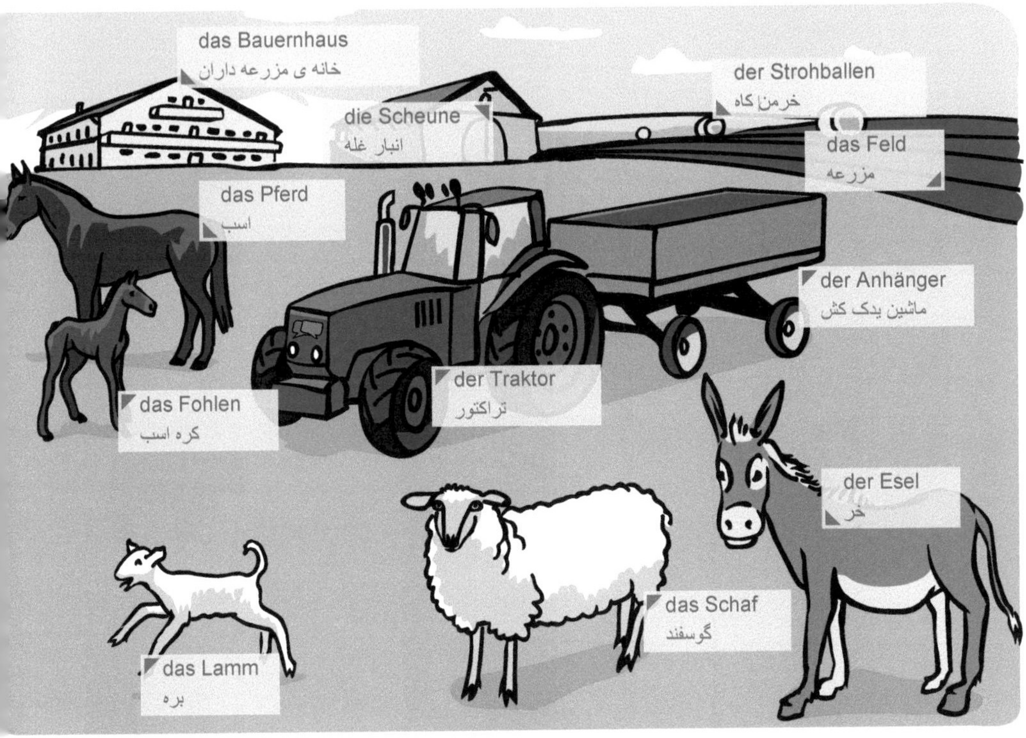

das Bauernhaus
خانه ی مزرعه داران

die Scheune
انبار غله

der Strohballen
خرمن‌گاه

das Feld
مزرعه

das Pferd
اسب

der Anhänger
ماشین یدک کش

das Fohlen
کره اسب

der Traktor
تراکتور

der Esel
خر

das Schaf
گوسفند

das Lamm
بره

die Ziege
بز

die Kuh
گاو ماده

das Kalb
گوساله

das Schwein
خوک

das Ferkel
بچه خوک

der Bulle
گاو نر

die Gans

غاز

die Ente

اردک

das Küken

جوجه

das Huhn

مرغ

der Hahn

خروس

die Ratte

موش صحرایی

die Katze

گربه

die Maus

موش

der Ochse

گاو نر اخته

der Hund

سگ

die Hundehütte

لانه ی سگ

der Gartenschlauch

شلنگ باغبانی

die Gießkanne

آبپاش

die Sense

داس دسته بلند

der Pflug

گاوآهن

die Sichel

داس

die Hacke

کج بیل

die Mistgabel

چنگک باغبانی

die Axt

تبر

die Schubkarre

فرقون

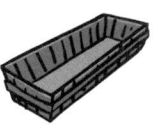

der Trog

آبشخور

die Milchkanne

بطری نگهداری شیر

der Sack

کیسه

der Zaun

حصار

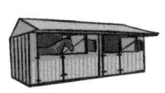

der Stall

اصطبل

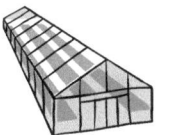

das Treibhaus

گلخانه

der Boden

خاک

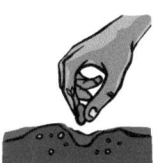

die Saat

بذر

der Dünger

کود

der Mähdrescher

ماشین کمباین

der Bauernhof - مزرعه

29

ernten

برداشت کردن محصول

die Ernte

محصول

die Yamswurzel

تمیس

der Weizen

گندم

das Soja

سویا

die Kartoffel

سیب زمینی

der Mais

ذرت

der Raps

کلزا

der Obstbaum

درخت میوه

der Maniok

گیاه مانیوک

das Getreide

غلات

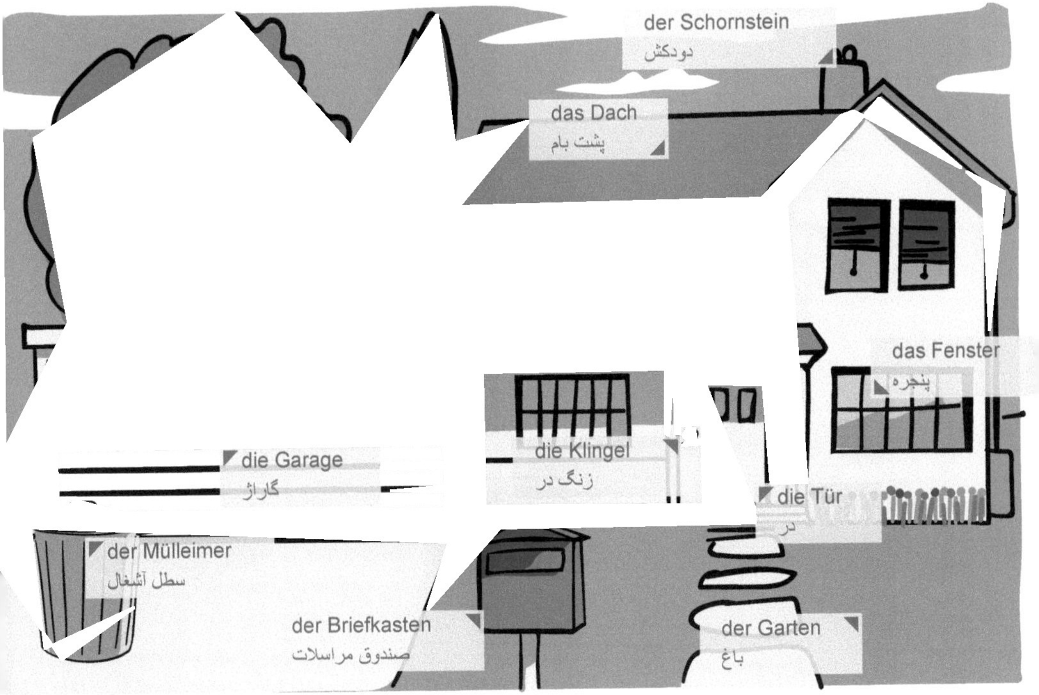

der Schornstein
دودکش

das Dach
پشت بام

das Fenster
پنجره

die Garage
گاراژ

die Klingel
زنگ در

die Tür
در

der Mülleimer
سطل آشغال

der Briefkasten
صندوق مراسلات

der Garten
باغ

das Wohnzimmer

اتاق نشیمن

das Badezimmer

حمام

die Küche

آشپزخانه

das Schlafzimmer

اتاق خواب

das Kinderzimmer

اتاق بچه

das Esszimmer

ناهارخوری

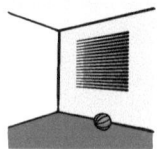

der Boden

کف زمین

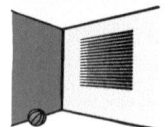

die Wand

دیوار

die Decke

سقف

der Keller

زیرزمین

die Sauna

سونا

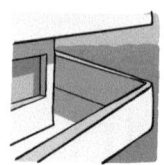

der Balkon

بالکن

die Terrasse

تراس

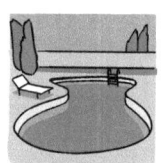

das Schwimmbad

استخر

der Rasenmäher

ماشین چمن‌زنی

der Bettbezug

ملافه

die Bettdecke

روتختی

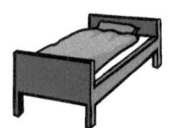

das Bett

تخت خواب

der Besen

جارو

der Eimer

سطل

der Schalter

سویچ یا کلید

die Tapete
کاغذ دیواری

das Bild
عکس

die Lampe
لامپ

das Regal
قفسه

der Schrank
کابینت

amin

der Fernseher
تلویزیون

die Blume
گل

das Kissen
کوسن

das Sofa
کاناپه

die Vase
گلدان

die Fernbedienung
کنترل تلویزیون و ویدئو و غیره

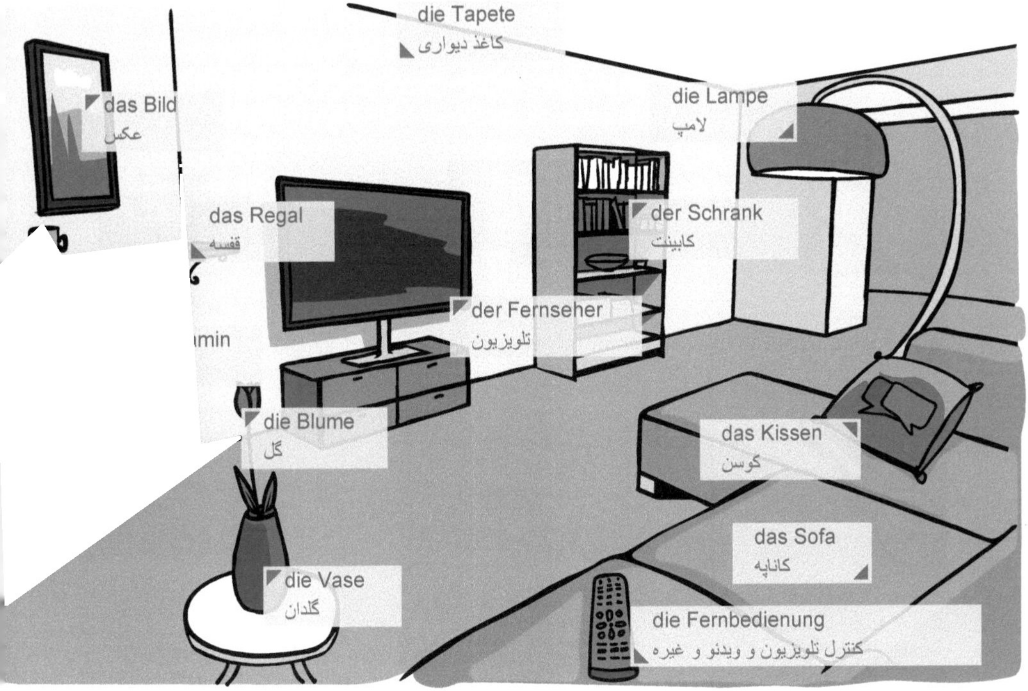

der Teppich

فرش

der Vorhang

پرده

der Tisch

میز

der Stuhl

صندلی

der Schaukelstuhl

صندلی گهواره ایی

der Sessel

صندلی راحتی

das Buch

كتاب

die Decke

لحاف

die Dekoration

دكوراسيون

das Feuerholz

هيزم

der Film

فيلم

die Stereoanlage

دستگاه ضبط صوت

der Schlüssel

كليد

die Zeitung

روزنامه

das Gemälde

تابلو نقاشی

das Poster

پوستر

das Radio

راديو

der Notizblock

دفترچه يادداشت

der Staubsauger

جاروبرقی

der Kaktus

كاكتوس

die Kerze

شمع

آشپزخانه

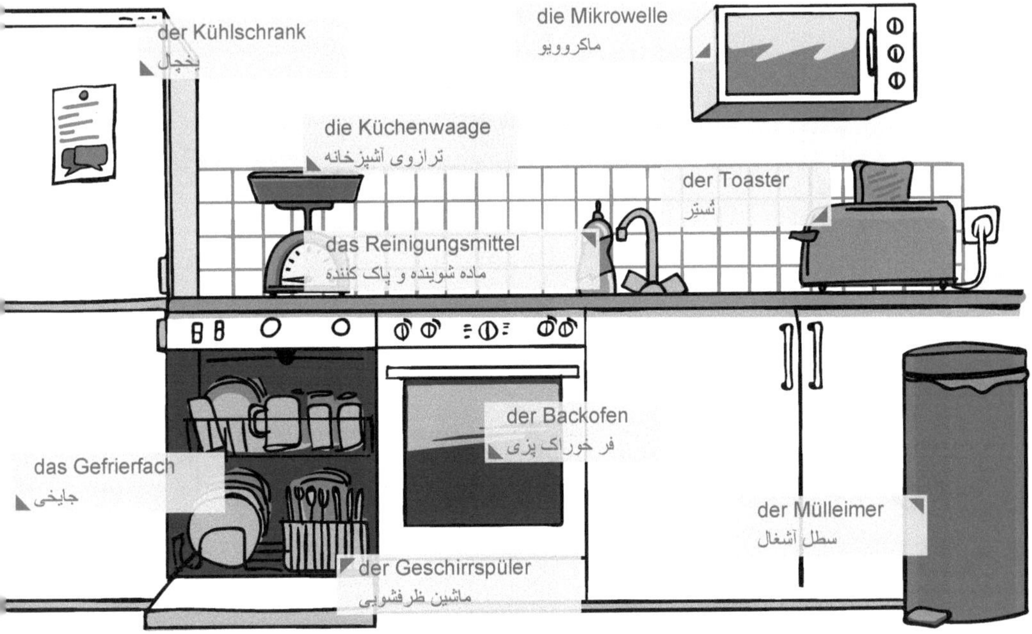
der Kühlschrank
یخچال
die Mikrowelle
ماکروویو
die Küchenwaage
ترازوی آشپزخانه
der Toaster
تستر
das Reinigungsmittel
ماده شوینده و پاک کننده
der Backofen
فر خوراک پزی
das Gefrierfach
جایخی
der Mülleimer
سطل آشغال
der Geschirrspüler
ماشین ظرفشویی

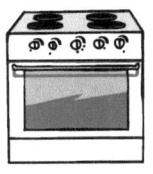

der Herd

اجاق گاز

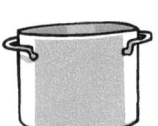

der Topf

قابلمه

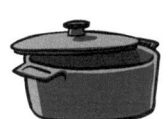

der Eisentopf

قابلمه چدنی

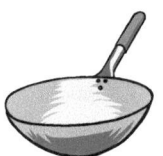

der Wok / Kadai

ماهی تابه گود

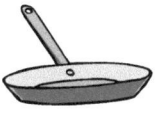

die Pfanne

ماهی تابه

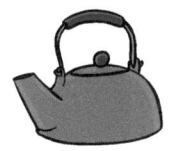

der Wasserkocher

کتری

der Dampfgarer

بخارپز

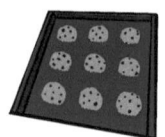

das Backblech

سینی فر

das Geschirr

ظرف چینی آشپزخانه

der Becher

لیوان

die Schale

کاسه

die Essstäbchen

چاپستیک

die Suppenkelle

ملاقه

der Pfannenwender

کفگیر

der Schneebesen

همزن

das Kochsieb

آبکش

das Sieb

آبکش

die Reibe

رنده

der Mörser

هاون

der Grill

باربیکیو

die Feuerstelle

محل مخصوص افروختن آتش

das Schneidebrett

تخته گوشت و سبزی

das Nudelholz

وردنه

der Korkenzieher

در بطری بازکن

die Dose

قوطی

der Dosenöffner

در قوطی بازکن

der Topflappen

دستگیره پارچه ای

das Waschbecken

سینک ظرفشویی

die Bürste

برس گردگیری

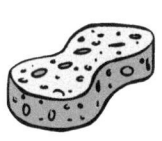

der Schwamm

اسفنج

der Mixer

مخلوط کن

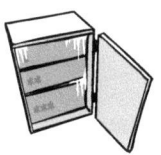

die Gefriertruhe

فریزر

die Babyflasche

شیشه شیر بچه

der Wasserhahn

شیر آب

die Heizung
بخاری

die Dusche
دوش

das Handtuch
حوله

der Duschvorhang
پرده ی حمام

das Schaumbad
حمام کف

die Badewanne
وان حمام

das Glas
لیوان

die Waschmaschine
ماشین لباسشویی

der Wasserhahn
شیر آب

die Fliesen
کاشی

das Töpfchen
لگن دستشویی کودکان

das Waschbecken
سینک ظرفشویی

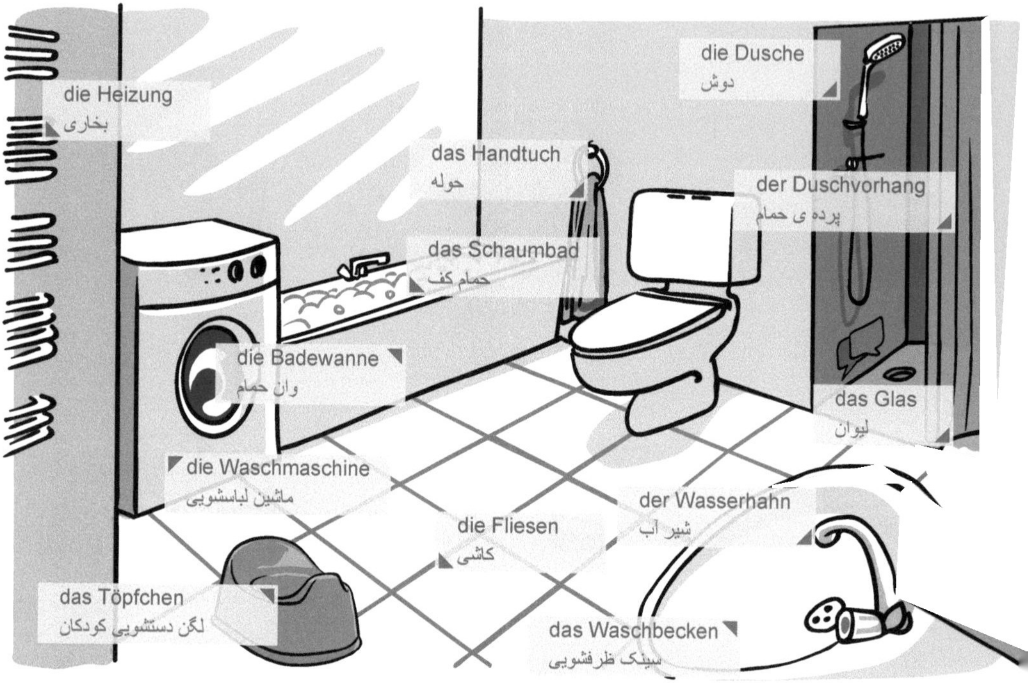

die Toilette
توالت

die Hocktoilette
توالت ایرانی

das Bidet
کاسه توالت

das Pissoir
توالت مخصوص آقایان

das Toilettenpapier
دستمال توالت

die Toilettenbürste
فرچه توالت

die Zahnbürste

مسواک

die Zahnpasta

خمیردندان

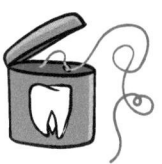

die Zahnseide

نخ دندان

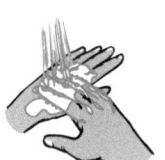

waschen

شُستن

die Handbrause

دوش آب تلفنی

die Intimdusche

شلنگ توالت

die Waschschüssel

لگَن روشویی

die Rückenbürste

برس شُست و شوی پشت

die Seife

صابون

das Duschgel

شامپو بدن

das Shampoo

شامپو

der Waschlappen

لیف حمام

der Abfluss

راه آب

die Creme

کرم

das Deodorant

اسپری دئودورانت

das Badezimmer - حمام

der Spiegel

آیینه

der Kosmetikspiegel

آیینه ی کوچک دستی

der Rasierer

تیغ ریش تراشی

der Rasierschaum

کف ریش‌تراشی

das Rasierwasser

افترشیو

der Kamm

شانه ی سر

die Bürste

برس

der Föhn

سشوار

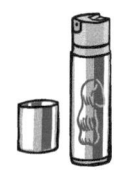

das Haarspray

اسپری مو

das Makeup

آرایش

der Lippenstift

رژلب

der Nagellack

لاک ناخن

die Watte

پنبه

die Nagelschere

قیچی ناخن

das Parfum

عطر

der Kulturbeutel

کیف لوازم آرایشی و بهداشتی

der Hocker

چهارپایه

die Waage

ترازو

der Bademantel

حوله ی پالتویی

die Gummihandschuhe

دستکش ظرفشویی

das Tampon

تامپون

die Damenbinde

نوار بهداشتی

die Chemietoilette

توالت سیار

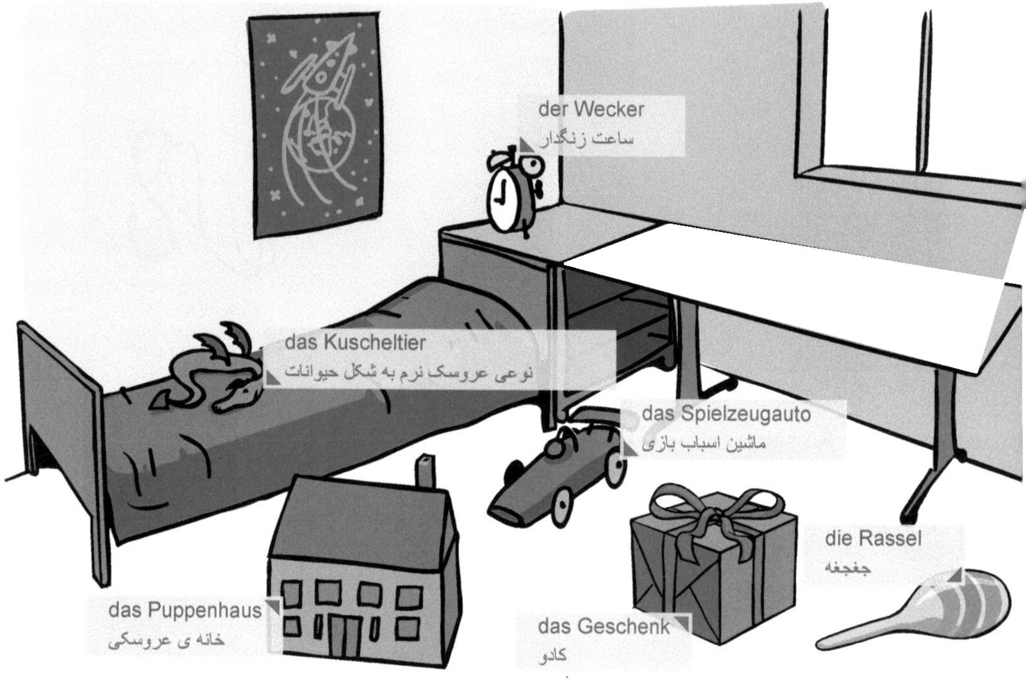

der Wecker
ساعت زنگدار

das Kuscheltier
نوعی عروسک نرم به شکل حیوانات

das Spielzeugauto
ماشین اسباب بازی

die Rassel
جغجغه

das Puppenhaus
خانه ی عروسکی

das Geschenk
کادو

der Ballon

بادکنک

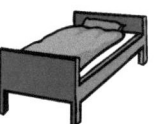

das Bett

تخت خواب

der Kinderwagen

کالسکه بچه

das Kartenspiel

بازی ورق

das Puzzle

پازل

der Comic

داستان مصور

die Legosteine
اسباب بازی لگو

die Bausteine
خانه سازی

die Action Figur
عروسک شخصیت های فیلم و کارتون

der Strampelanzug
لباس نوزاد

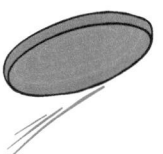

das Frisbee
فریزبی

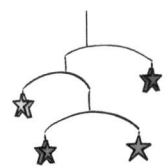

das Mobile
نوعی اسباب بازی که روی تخت نوزاد
یا کودک نصب می شود

das Brettspiel
بازی روی صفحه

der Würfel
تاس

die Modelleisenbahn
قطار اسباب بازی

der Schnuller
پستانک

die Party
مهمانی

das Bilderbuch
کتاب مصور

der Ball
توپ

die Puppe
عروسک

spielen
بازی کردن

der Sandkasten

جعبه شنی مخصوص بازی کودکان

die Schaukel

تاب

das Spielzeug

اسباب بازی

die Spielkonsole

کنسول بازی های کامپیوتری

das Dreirad

سه چرخه

der Teddy

خرس عروسکی

der Kleiderschrank

کمد لباس

لباس

die Socken

جوراب

die Strümpfe

جوراب زنانه ساق بلند

die Strumpfhose

جوراب شلواری

der Schal
شال

der Regenschirm
چتر

das T-Shirt
تی شرت

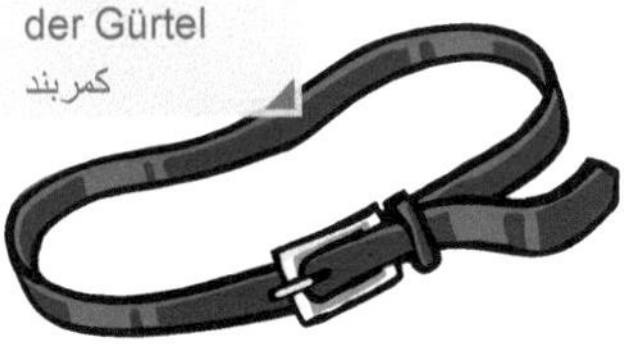

der Gürtel
کمربند

der Stiefel
پوتین

die Hausschuhe
دمپایی

die Turnschuhe
کفش ورزشی کتانی

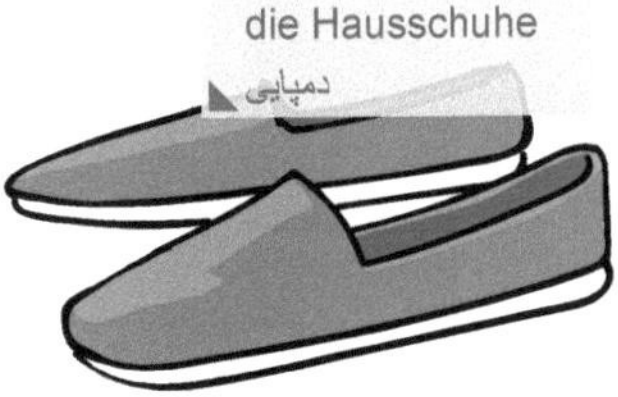

die Sandalen
....
صندل

die Schuhe
....
کفش

die Gummistiefel
....
چکمه پلاستیکی

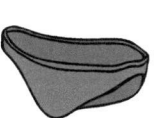

die Unterhose
....
شرت

der Büstenhalter
....
سوتین

das Unterhemd
....
جلیقه

der Body

بادی

die Hose

شلوار

die Jeans

جین

der Rock

دامن

die Bluse

بلوز

das Hemd

پیراهن

der Pullover

پولیور

der Kapuzenpullover

سویی شرت

der Blazer

نوعی کت

die Jacke

ژاکت

der Mantel

کت بلند

der Regenmantel

بارانی

das Kostüm

لباس نمایش

das Kleid

لباس

das Hochzeitskleid

لباس عروس

der Anzug

کت و شلوار

das Nachthemd

لباس خواب زنانه

der Schlafanzug

پیژامه

der Sari

ساری

das Kopftuch

روسری

der Turban

عمامه

die Burka

برقع

der Kaftan

قبا

die Abaya

عبا

der Badeanzug

لباس شنا

die Badehose

شرت شنا

die kurze Hose

شلوارک

der Trainingsanzug

لباس ورزشی

die Schürze

پیش‌بند

die Handschuhe

دستکش

die Kleidung - لباس

der Knopf

دکمه

die Brille

عینک

das Armband

دستبند

die Halskette

گردنبند

der Ring

انگشتر

der Ohrring

گوشواره

die Mütze

کلاه لبه دار

der Kleiderbügel

چوب لباسی

der Hut

کلاه

die Krawatte

کراوات

der Reißverschluss

زیپ

der Helm

کلاه ایمنی

der Hosenträger

بند شلوار

die Schuluniform

لباس مدرسه

die Uniform

لباس فرم

das Lätzchen

پیش بند بچه

der Schnuller

پستانک

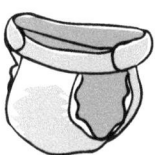

die Windel

پوشک بچه

der Server

سرور

der Aktenschrank

کمد نگهداری پرونده

das Papier

کاغذ

der Drucker

چاپگر

der Monitor

مانیتور

die Maus

ماوس

die Tastatur

صفحه کلید

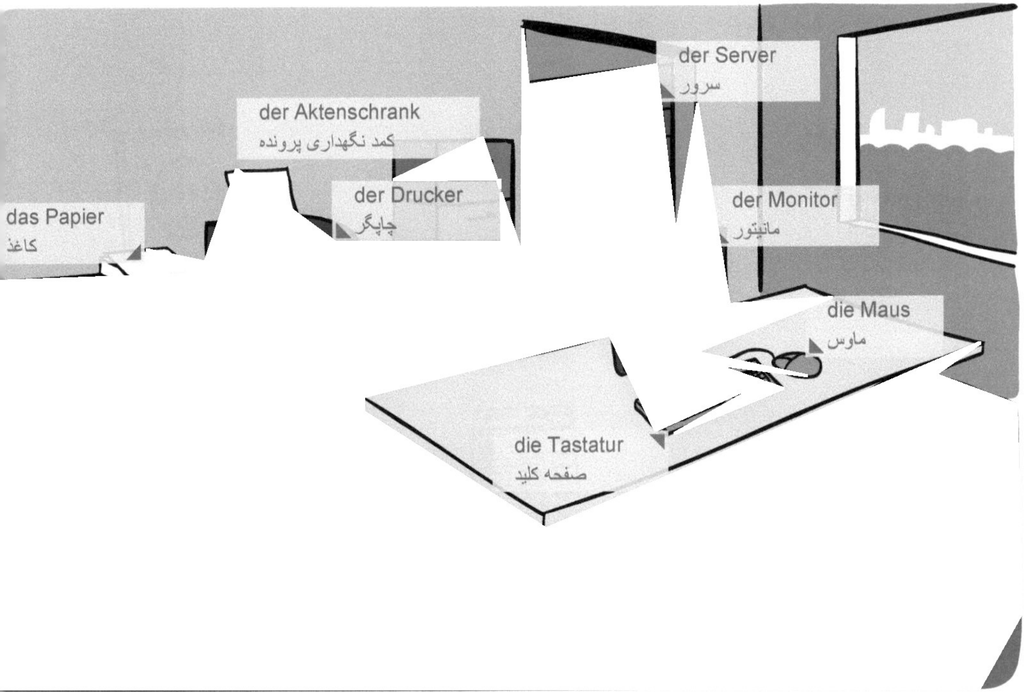

der Kaffeebecher

لیوان قهوه

der Taschenrechner

ماشین حساب

das Internet

اینترنت

der Laptop

لپ تاپ

der Brief

نامه

die Nachricht

پیغام

das Handy

تلفن همراه

das Netzwerk

شبکه ی ارتباطی

der Kopierer

دستگاه فتوکپی

die Software

نرم افزار

das Telefon

تلفن

die Steckdose

پریز

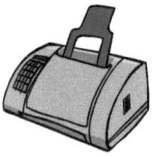

das Fax

دستگاه فاکس

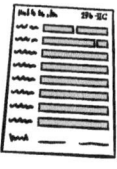

das Formular

فرم

das Dokument

مدرک

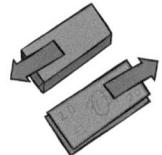

kaufen

خریدن

bezahlen

پرداخت کردن

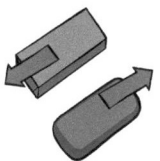

handeln

تجارت کردن

das Geld

پول

der Dollar

دلار

der Euro

یورو

der Yen

ین

der Rubel

روبل

der Franken

فرانک سوئیس

der Renminbi Yuan

یوان رنمینبی

die Rupie

روپیه

der Geldautomat

دستگاه خودپرداز

die Wechselstube

صرافى

das Gold

طلا

das Silber

نقره

das Öl

نفت

die Energie

انرژى

der Preis

قیمت

der Vertrag

قرارداد

die Steuer

مالیات

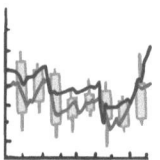

die Aktie

سهام سرمایه

arbeiten

کار کردن

der Angestellte

کارمند

der Arbeitgeber

کارفرما

die Fabrik

کارخانه

das Geschäft

مغازه

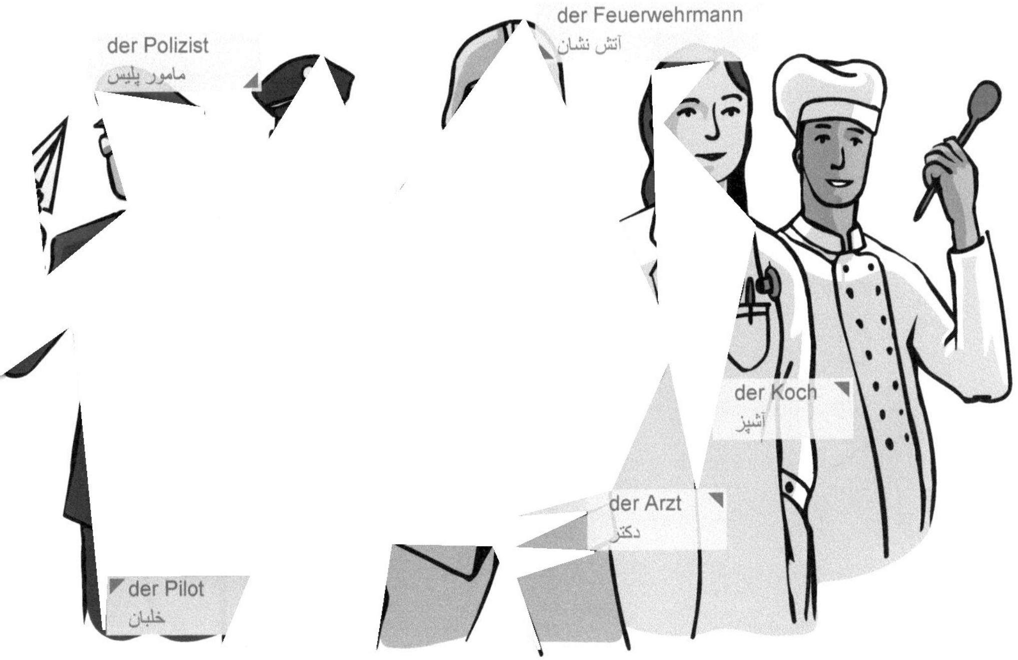

der Polizist
مامور پلیس

der Feuerwehrmann
آتش نشان

der Koch
آشپز

der Arzt
دکتر

der Pilot
خلبان

der Gärtner
باغبان

der Tischler
نجار

die Näherin
خیاط زنانه

der Richter
قاضی

der Chemiker
شیمیدان

der Schauspieler
بازیگر

der Busfahrer

راننده اتوبوس

der Taxifahrer

راننده تاکسی

der Fischer

ماهیگیر

die Putzfrau

نظافتچی زن

der Dachdecker

سقف ساز

der Kellner

پیشخدمت رستوران

der Jäger

شکارچی

der Maler

نقاش

der Bäcker

نانوا

der Elektriker

برقکار

der Bauarbeiter

کارگر ساختمانی

der Ingenieur

مهندس

der Schlachter

قصاب

der Klempner

لوله کش

der Postbote

پستچی

der Soldat

سرباز

der Architekt

معمار

der Kassierer

صندوقدار

der Florist

گل فروش

der Friseur

آرایشگر

der Schaffner

مامور کنترل بلیط در قطار

der Mechaniker

مکانیک

der Kapitän

ناخدا

der Zahnarzt

دندانپزشک

der Wissenschaftler

دانشمند

der Rabbi

عالم یهودی

der Imam

امام

der Mönch

راهب

der Geistliche

کشیش

der Hammer
چکش

die Zange
انبردست

der Schraubendreher
پیچ گوشتی

der Schraubenschlüssel
آچار

die Taschenlam
چراغ قوه

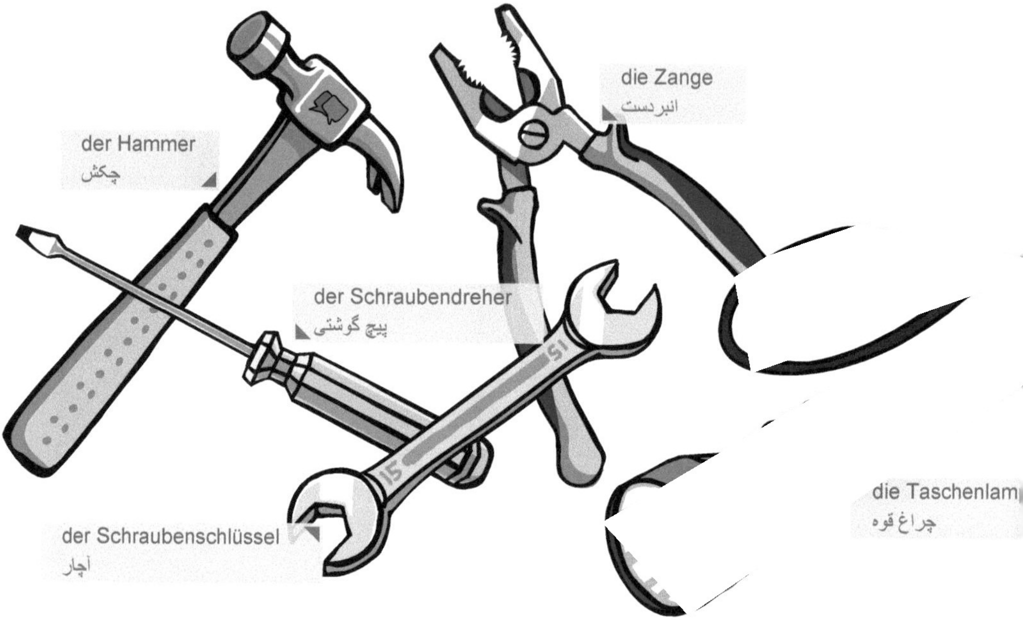

der Bagger

بیل مکانیکی

der Werkzeugkasten

جعبه ابزار

die Leiter

نردبان

die Säge

ارّه

die Nägel

میخ

der Bohrer

مته

reparieren

تعمیر کردن

die Schaufel

بیل

Mist!

لعنتی!

das Kehrblech

خاک انداز

der Farbtopf

سطل رنگرزی

die Schrauben

پیچ

آلات موسیقی

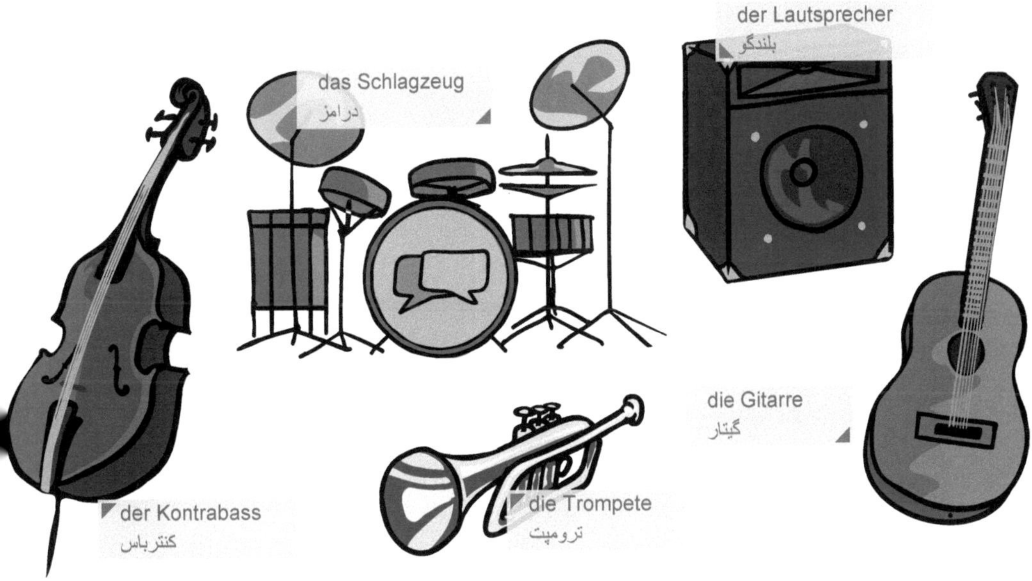

der Lautsprecher
بلندگو

das Schlagzeug
درامز

die Gitarre
گیتار

der Kontrabass
کنترباس

die Trompete
ترومپت

das Klavier

پیانو

die Violine

ویولن

der Bass

گیتار بیس

die Pauke

تیمپانی

die Trommeln

طبل

das Keyboard

کیبورد الکتریک

das Saxophon

ساکسیفون

die Flöte

فلوت

das Mikrofon

میکروفون

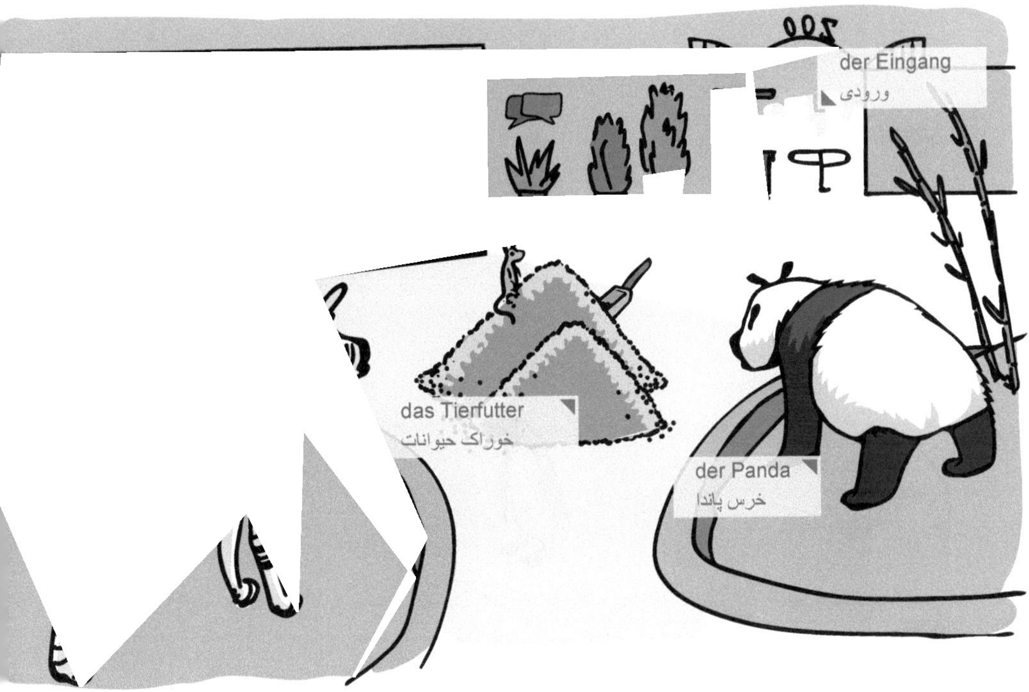

der Eingang
ورودی

das Tierfutter
خوراک حیوانات

der Panda
خرس پاندا

die Tiere

حیوانات

der Elefant

فیل

das Känguruh

کانگورو

das Nashorn

کرگدن

der Gorilla

گوریل

der Bär

خرس

der Zoo - باغ وحش

das Kamel
شتر

der Strauß
شترمرغ

der Löwe
شیر

der Affe
میمون

der Flamingo
فلامینگو

der Papagei
طوطی

der Eisbär
خرس قطبی

der Pinguin
پنگوئن

der Hai
کوسه

der Pfau
طاووس

die Schlange
مار

das Krokodil
تمساح

der Zoowärter
نگهبان باغ وحش

die Robbe
خوک آبی

der Jaguar
پلنگ امریکایی

das Pony

اسب کوچک

der Leopard

پلنگ

das Nilpferd

اسب آبی

die Giraffe

زرافه

der Adler

عقاب

das Wildschwein

گراز

der Fisch

ماهی

die Schildkröte

لاک پشت

das Walross

شیرماهی

der Fuchs

روباه

die Gazelle

غزال

das American Football
فوتبال آمریکایی

das Radfahren
دوچرخه سواری

das Tennis
تنیس

der Basketball
بسکتبال

das Schwimmen
شنا

das Boxen
بوکس

das Eishockey
هاکی روی یخ

der Fußball
فوتبال

das Badminton
بدمینتون

die Leichtathletik
دوومیدانی

der Handball
هندبال

das Skilaufen
اسکی

das Polo
پولو

lachen
خندیدن

springen
پریدن

umarmen
بغل کردن

gehen
راه رفتن

singen
آواز خواندن

träumen
رؤیا دیدن

beten
دعا کردن

küssen
بوسیدن

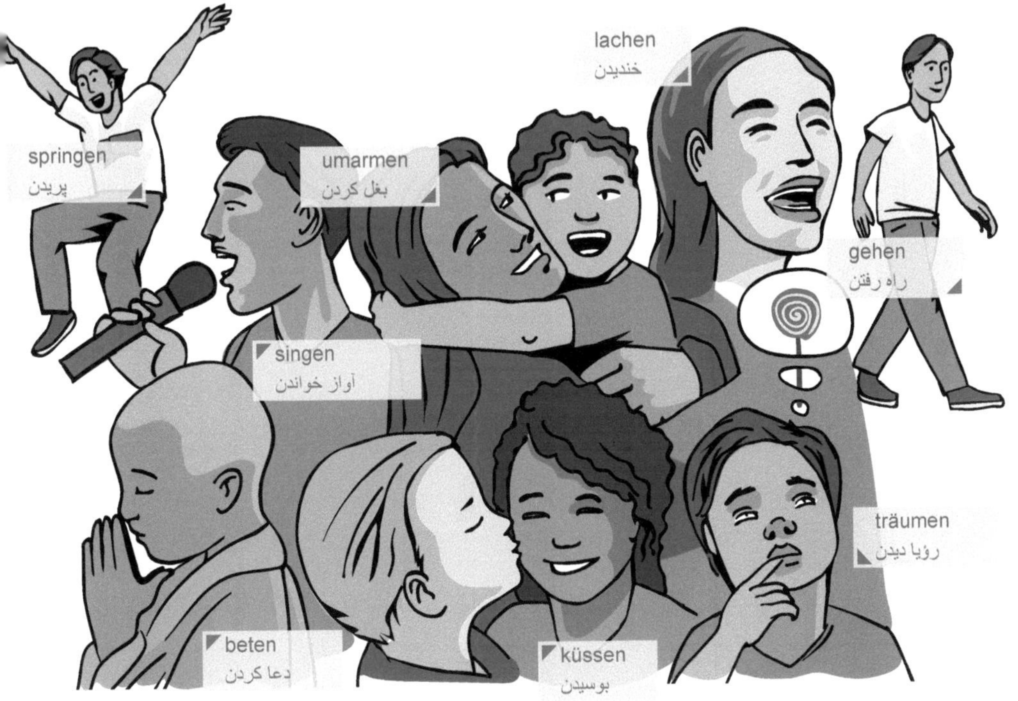

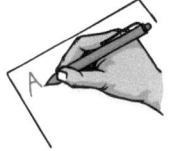

schreiben
....
نوشتن

zeichnen
....
رسم کردن

zeigen
....
نشان دادن

drücken
....
هل دادن

geben
....
دادن

nehmen
....
برداشتن

haben

داشتن

tun

انجام دادن

sein

بودن

stehen

ایستادن

laufen

دویدن

ziehen

کشیدن

werfen

پرتاب کردن

fallen

افتادن

liegen

دراز کشیدن

warten

منتظر بودن

tragen

حمل کردن

sitzen

نشستن

anziehen

لباس پوشیدن

schlafen

خوابیدن

aufwachen

بیدار شدن

ansehen

تماشا کردن

weinen

گریه کردن

streicheln

نوازش کردن

kämmen

شانه کردن

reden

حرف زدن

verstehen

فهمیدن

fragen

پرسیدن

hören

شنیدن

trinken

آشامیدن

essen

خوردن

aufräumen

مرتب کردن

lieben

عاشق بودن

kochen

پختن

fahren

رانندگی کردن

fliegen

پرواز کردن

die Aktivitäten - فعالیت ها

segeln

قایقرانی کردن

rechnen

محاسبه کردن

lesen

خواندن

lernen

یاد گرفتن

arbeiten

کار کردن

heiraten

ازدواج کردن

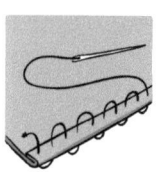

nähen

دوختن

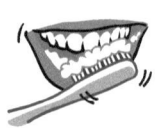

Zähne putzen

مسواک زدن

töten

کشتن

rauchen

سیگار کشیدن

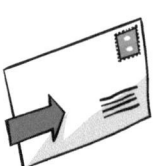

senden

فرستادن

e Großmutter
مادربزرگ

der Großvater
پدربزرگ

der Vater
پدر

die Mutter
مادر

das Baby
کودک

die Tochter
فرزند دختر

der Sohn
فرزند پسر

der Gast

مهمان

die Tante

خاله، عمه

der Onkel

دایی، عمو

der Bruder

برادر

die Schwester

خواهر

die Familie - خانواده

die Stirn
پیشانی

das Auge
چشم

die Schulter
شانه

der Finger
انگشت دست

das Gesicht
صورت

das Kinn
چانه

die Hand
دست

die Brust
سینه

das Bein
ساق پا

der Arm
بازو

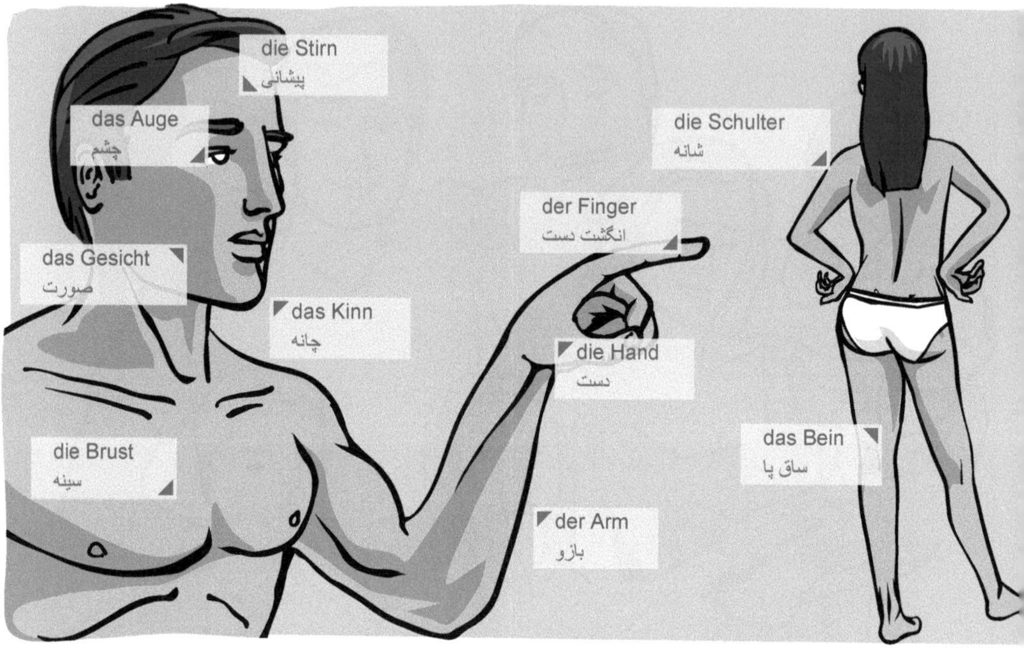

das Baby
کودک

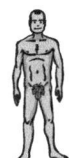

der Mann
مرد

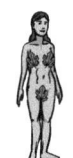

die Frau
زن

das Mädchen
دخترربچه

der Junge
پسربچه

der Kopf
کله

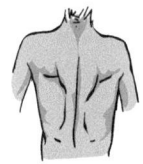

der Rücken

کمر

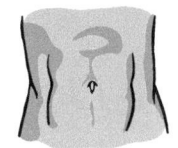

der Bauch

شکم

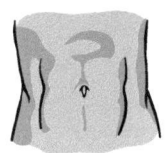

der Nabel

ناف

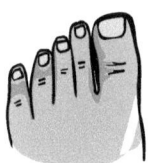

der Zeh

انگشت پا

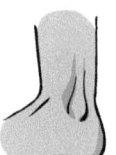

die Ferse

پاشنه

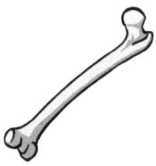

der Knochen

استخوان

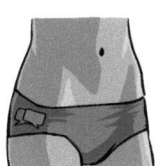

die Hüfte

لگن

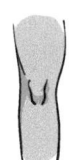

das Knie

زانو

der Ellenbogen

آرنج

die Nase

بینی

das Gesäß

نشیمنگاه

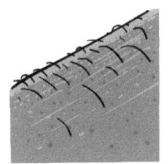

die Haut

پوست

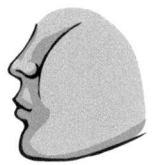

die Wange

گونه

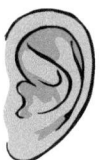

das Ohr

گوش

die Lippe

لب

der Mund

دهان

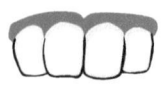

der Zahn

دندان

die Zunge

زبان

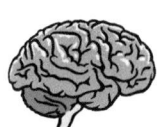

das Gehirn

مغز

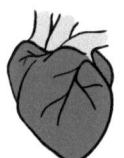

das Herz

قلب

der Muskel

عضله

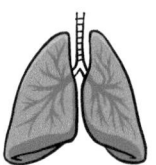

die Lunge

ریه

die Leber

کبد

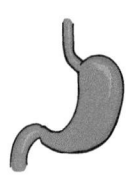

der Magen

معده

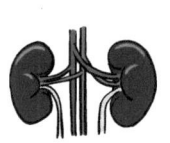

die Nieren

کلیه

der Geschlechtsverkehr

آمیزش جنسی

das Kondom

کاندوم

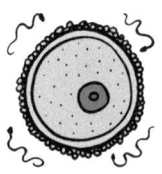

die Eizelle

تخمک

das Sperma

اسپرم

die Schwangerschaft

حاملگی

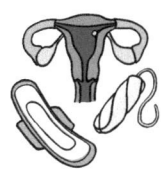

die Menstruation

پریود

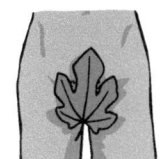

die Vagina

واژن

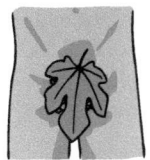

der Penis

آلت تناسلی مرد

die Augenbraue

ابرو

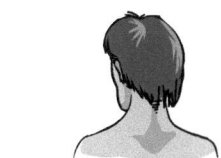

das Haar

مو

der Hals

گردن

das Krankenhaus
بیمارستان

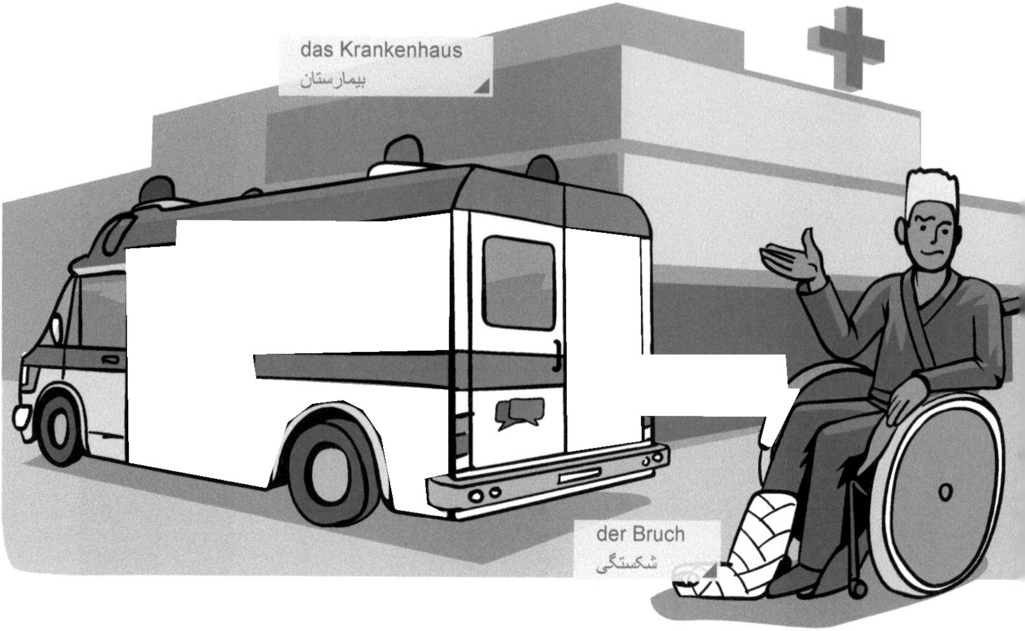

der Bruch
شکستگی

der Arzt

دکتر

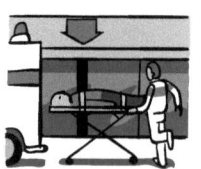

die Notaufnahme

بخش اورژانس

die Krankenschwester

پرستار

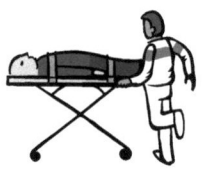

der Notfall

موقعیت اضطراری

ohnmächtig

بی هوش

der Schmerz

درد

die Verletzung

مصدومیت

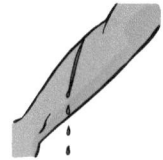

die Blutung

خونریزی

der Herzinfarkt

سکته قلبی

der Schlaganfall

سکته مغزی

die Allergie

آلرژی

der Husten

سرفه

das Fieber

تب

die Grippe

آنفولانزا

der Durchfall

اسهال

die Kopfschmerzen

سردرد

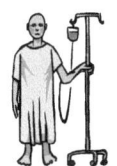

der Krebs

سرطان

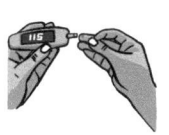

die Diabetis

دیابت

der Chirurg

جراح

das Skalpell

چاقوی جراحی

die Operation

عمل جراحی

das CT

سی تی اسکن

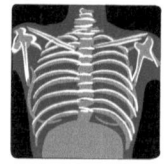

das Röntgen

پرتونگاری

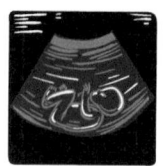

das Ultraschall

سونوگرافی

die Maske

ماسک صورت

die Krankheit

بیماری

das Wartezimmer

اتاق انتظار

die Krücke

چوب زیر بغل

das Pflaster

چسب زخم

der Verband

پانسمان

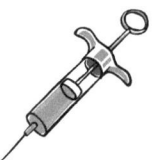

die Injektion

تزریق

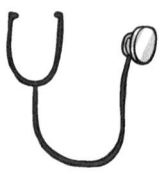

das Stethoskop

گوشی طبی

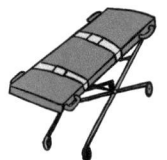

die Trage

برانکار

das Thermometer

دماسنج

die Geburt

زایش

das Übergewicht

اضافه وزن

das Hörgerät

سمعک

das Desinfektionsmittel

ماده ضد غفونی کننده

die Infektion

عفونت

das Virus

ویروس

das HIV / AIDS

اچ آی وی / ایدز

die Medizin

دارو

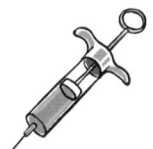

die Impfung

واکسیناسیون

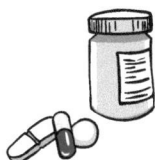

die Tabletten

قرص

die Pille

قرص ضد حاملگی

der Notruf

تماس اظطراری

das Blutdruck-Messgerät

دستگاه اندازه گیری فشارخون

krank / gesund

مریض / سالم

Hilfe!

کمک!

der Alarm

آژیر خطر

der Überfall

حمله

der Angriff

حمله ی فیزیکی

die Gefahr

خطر

der Notausgang

خروج اظطراری

Feuer!

آتش

der Feuerlöscher

کپسول آتش‌نشانی

der Unfall

تصادف

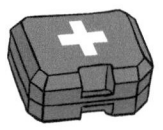

der Erste-Hilfe-Koffer

جعبه کمک های اولیه

SOS

درخواست کمک

die Polizei

پلیس

das Europa

اروپا

das Nordamerika

آمریکای شمالی

das Südamerika

آمریکای جنوبی

das Afrika

أفریقا

das Asien

آسیا

das Australien

استرالیا

der Atlantik

اقیا نوس اطلس

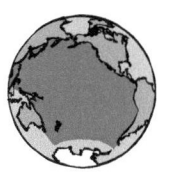

der Pazifik

اقیانوس آرام

der Indische Ozean

اقیانوس هند

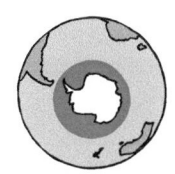

der Antarktische Ozean

اقیا نوس اطلس جنوبی

der Arktische Ozean

اقیانوس منجمد شمالی

der Nordpol

قطب شمال

der Südpol

قطب جنوب

die Antarktis

قاره قطب جنوب

die Erde

کره زمین

das Land

سرزمین

das Meer

دریا

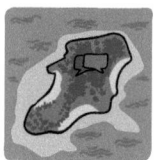

die Insel

جزیره

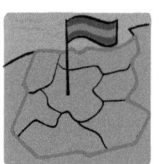

die Nation

ملت

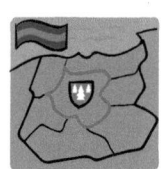

der Staat

کشور

das Zifferblatt

صفحه ی ساعت

der Stundenzeiger

ساعت شمار

der Minutenzeiger

دقیقه شمار

der Sekundenzeiger

ثانیه شمار

Wie spät ist es?

ساعت چند است؟

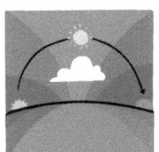

der Tag

روز

die Zeit

زمان

jetzt

اکنون

die Digitaluhr

ساعت دیجیتال

die Minute

دقیقه

die Stunde

ساعت

der Montag
دوشنبه

der Mittwoch
چهارشنبه

der Freitag
جمعه

der Dienstag
سه شنبه

der Samstag
شنبه

der Donnerstag
پنج شنبه

der Sonntag
یک شنبه

gestern
دیروز

heute
امروز

morgen
فردا

der Morgen
صبح

der Mittag
ظهر

der Abend
غروب

die Arbeitstage
روزهای کاری

das Wochenende
آخر هفته

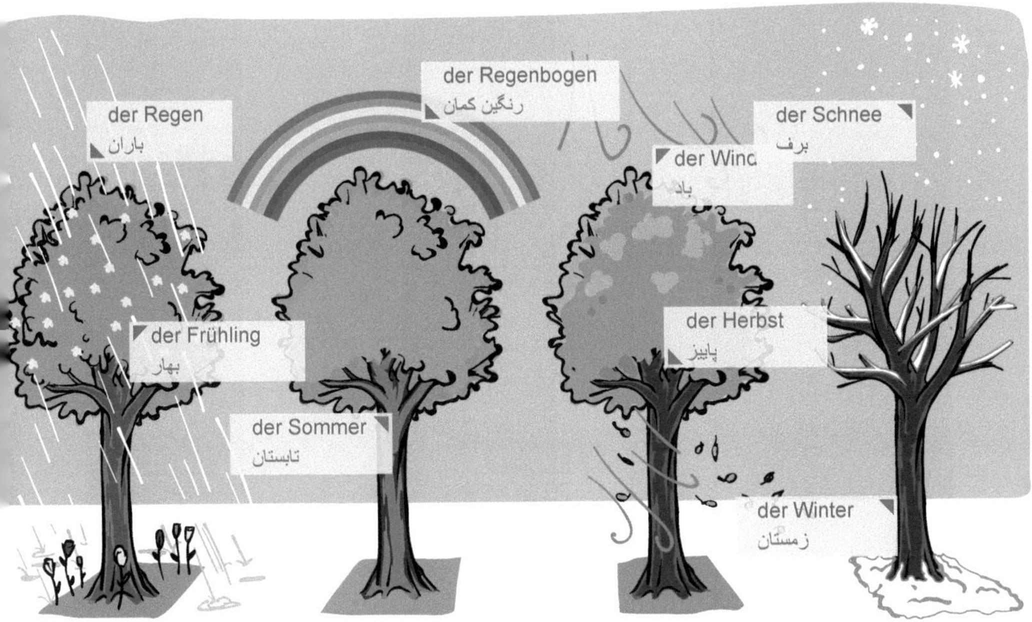

der Regenbogen
رنگین کمان

der Regen
باران

der Schnee
برف

der Wind
باد

der Frühling
بهار

der Herbst
پاییز

der Sommer
تابستان

der Winter
زمستان

die Wettervorhersage

پیش‌بینی اوضاع جوی

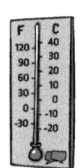

das Thermometer

دماسنج

der Sonnenschein

تابش آفتاب

die Wolke

ابر

der Nebel

مه

die Luftfeuchtigkeit

رطوبت هوا

der Blitz

صاعقه

der Donner

آسمان غره

der Sturm

طوفان

der Hagel

تگرگ

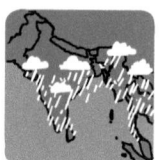

der Monsun

باد موسمی

die Flut

سیل

das Eis

یخ

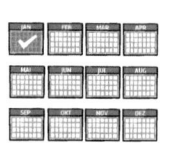

der Januar

ژانویه

der Februar

فوریه

der März

مارس

der April

آوریل

der Mai

مه

der Juni

ژوئن

der Juli

ژوئیه

der August

آگوست

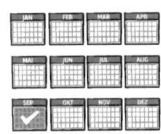

der September
....
سپتامبر

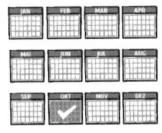

der Oktober
....
اكتبر

der November
....
نوامبر

der Dezember
....
دسامبر

der Kreis
....
دايره

das Quadrat
....
مربع

das Rechteck
....
مستطيل

das Dreieck
....
سه گوش

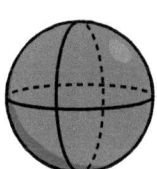

die Kugel
....
گره

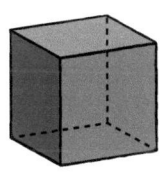

der Würfel
....
مكعب مربع

weiß

سفید

gelb

زرد

orange

نارنجی

pink

صورتی

rot

قرمز

lila

بنفش

blau

آبی

grün

سبز

braun

قهوه ای

grau

خاکستری

schwarz

سیاه

viel / wenig

خیلی / کم

wütend / friedlich

خشمگین/ آرام

hübsch / hässlich

زیبا / زشت

der Anfang / das Ende

شروع / پایان

groß / klein

بزرگ / کوچک

hell / dunkel

روشن / تیره

der Bruder / die Schwester

برادر / خواهر

sauber / schmutzig

تمیز / آلوده

vollständig / unvollständig

کامل / ناقص

der Tag / die Nacht

روز / شب

tot / lebendig

مرده / زنده

breit / schmal

پهن / باریک

genießbar / ungenießbar

قابل خوردن / غیر قابل خوردن

böse / freundlich

غضبناک / مهربان

aufgeregt / gelangweilt

هیجان زده / بی حوصله

dick / dünn

چاق / لاغر

zuerst / zuletzt

اولین / آخرین

der Freund / der Feind

دوست / دشمن

voll / leer

پر / خالی

hart / weich

سفت / نرم

schwer / leicht

سنگین / سبک

der Hunger / der Durst

گرسنگی / تشنگی

krank / gesund

مریض / سالم

illegal / legal

غیرقانونی / قانونی

intelligent / dumm

باهوش / خنگ

links / rechts

چپ / راست

nah / fern

نزدیک / دور

neu / gebraucht

نو / استفاده شده

nichts / etwas

هیچ چیز / چیزی

alt / jung

پیر / جوان

an / aus

روشن / خاموش

offen / geschlossen

باز / بسته

leise / laut

آهسته / بلند

reich / arm

ثروتمند / فقیر

richtig / falsch

درست / غلط

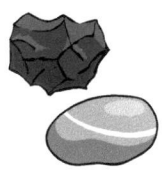

rau / glatt

زبر / صاف

traurig / glücklich

غمگین / خوشحال

kurz / lang

کوتاه / بلند

langsam / schnell

کند / تند

nass / trocken

تر / خشک

warm / kühl

گرم / خنک

der Krieg / der Frieden

جنگ / صلح

0
null
صفر

1
eins
یک

2
zwei
دو

3
drei
سه

4
vier
چهار

5
fünf
پنج

6
sechs
شش

7
sieben
هفت

8
acht
هشت

9
neun
نه

10
zehn
ده

11
elf
یازده

12
zwölf

دوازده

13
dreizehn

سیزده

14
vierzehn

چهارده

15
fünfzehn

پانزده

16
sechzehn

شانزده

17
siebzehn

هفده

18
achtzehn

هجده

19
neunzehn

نوزده

20
zwanzig

بیست

100
hundert

صد

1.000
tausend

هزار

1.000.000
million

میلیون

Englisch

انگلیسی

Amerikanisches Englisch

انگلیسی آمریکایی

Chinesisch Mandarin

چینی ماندارین

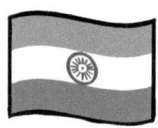

Hindi

هندی

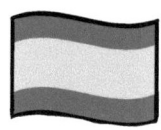

Spanisch

اسپانیایی

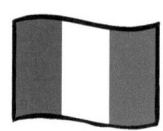

Französisch

فرانسوی

Arabisch

عربی

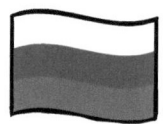

Russisch

روسی

Portugiesisch

پرتغالی

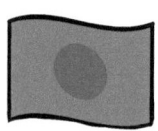

Bengalisch

بنگالی

Deutsch

آلمانی

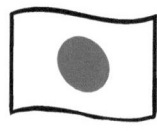

Japanisch

ژاپنی

ich

من

du

تو

er / sie / es

او

wir

ما

ihr

شما

sie

آنها

wer?

چه کسی؟ کی؟

was?

چی؟

wie?

چگونه؟

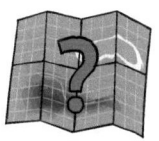

wo?

کجا؟

wann?

کی؟

HELLO, I AM

Name

نام

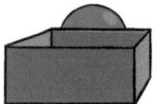

hinter

پشت

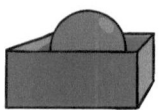

in

توی

vor

جلو

über

بالای

auf

روی

unter

زیر

neben

مجاور

zwischen

بین

der Ort

مکان